Drei Freunde

Original Story by
Jennifer Degenhardt

Translated and adapted by
Andrew Graff

This is a work of fiction. Names, characters, events or incidents are either products of the author's imagination or are used in a fictitious manner. Any resemblance to actual persons or actual events is purely coincidental.

In memory of my late great Aunt Gert of German heritage who was one of the sweetest and most understanding women I've ever met.

CONTENTS

DANK

A huge thank you to Andrew Graff whose grand idea it was to bring *Drei Freunde* to life. So dedicated was Andrew to this manuscript that he soon found a group of folks of native German speakers and German-language educators to help make this story comprehensible for students learning the language. I am so appreciative of everyone's efforts on behalf of this story.

The hard-working group:

William Jameson
Brigitte Kahn
Bettina Merkentrup
Stephanie Mignone
Katja Wahrhaftig

Thank you, too, to Kaleigh Heljenek, an 11th grade student at Cherry Hill High School East for her stunning artwork for the cover of this book.

Kapitel 1
Marissa

Ich sitze in meinem Schlafzimmer, höre Musik und mache ein bisschen Hausaufgaben. Ich habe meine Kopfhörer auf. Wie immer. Ich will ein paar Mathe-Probleme lösen, aber es geht nicht. Ich wechsle den Song auf meiner Playlist. Ich kann mich nicht konzentrieren. Ich weiß warum, denn ich freue mich so auf heute Abend! Jack und ich gehen in die Stadt auf ein Konzert. Das Konzert heißt: "Battle of the Bands IV". Es ist ein besonderer Wettbewerb für Bands aus der Region. Teen-Bands und Erwachsenen-Bands sind auch dabei. Jack und ich werden *Tribe* sehen. Das ist die Band von Julian und seinen Freunden. Julian spielt Gitarre und singt die meisten Songs. Die Band und ihre Songs sind genial. Sie spielen so gut, dass sie jedes Wochenende einen Gig in einem Restaurant in Brandonville haben. Nicht schlecht für eine Gruppe von Teenagern! Sie spielen seit einem Jahr zusammen.

Ich will meine Hausaufgaben machen, aber es geht nicht. Ich bin zu abgelenkt. Ich suche einen neuen Song, als ich eine Snapchat-Nachricht von Jack bekomme:

bin bei dir. biste bereit?

Gerade in dem Moment höre ich meine Mutter schreien: "Marissa, Jack ist da, um dich abzuholen!"

"Ich komme, Mama!" antworte ich.

Durch das Fenster sehe ich Jack in seinem Auto.

Er sieht echt gut aus in seinem Jeep, mit seinen braunen Haaren und seinem muskulösen Körper. Ich kenne Jack seit der fünften Klasse. Seine Familie war neu in der Stadt. Er kam in Mr. Mullins Klasse an seinem ersten Tag. Und seit diesem Tag sind wir, Jack und ich, beste Freunde. Wir machen alles zusammen. Wir gehen in die gleichen Klassen, schwimmen im gleichen Team und gehen auf viele Konzerte, denn wir lieben Musik -- alle Arten von Musik. Wir sind dicke Freunde. Wir reden über alles und verstehen uns sehr gut. Wir streiten uns nie, und es gibt wirklich keine Probleme zwischen uns beiden.

Naja, einmal in der achten Klasse, in der Middle School, war etwas…

"Marissa, ich muss mit dir reden," sagte Jack eines Tages zu mir. Er war immer gut gelaunt, aber an dem Tag war er sehr ernst. Er war nervös.

"OK, reden wir heute Abend!"

"Nein," antwortete Jack. "Ich muss es dir jetzt sagen."

"Ummmm. OK. Was ist los, Jack? Ich mache mir Sorgen," sagte ich zu ihm.

"Marissa, ich muss dir etwas sagen. Es ist wichtig. Aber ich will nicht, dass du mich hasst."

"Jack, ich kenne dich besser als alle anderen Menschen auf der Welt. Ich bin auf deiner Seite. Egal was du sagst, nichts kann meine Meinung über dich ändern."

"Marissa, ich bin schwul."

Das hat mich überrascht. Ich konnte nicht antworten. "Was?" habe ich ihn gefragt.

"Ja, Marissa. Das stimmt. Ich mag Jungs."

Nach zwei oder drei langen Minuten hat Jack mich gefragt: "Bist du sauer?"

"Uhhh. Nein, Jack. Natürlich nicht. Ich bin nur überrascht. Ich hatte keine Ahnung."

Wir haben ein paar Tage nicht viel geredet. Dass mein bester Freund schwul war: kein Problem für mich. Aber ich war sauer. Ich war sauer, dass er mir nichts gesagt hatte. Ich war seine beste Freundin. Es sollte keine Geheimnisse zwischen uns geben! Die Wahrheit ist aber: wir sind jetzt noch dickere Freunde. Unsere Freundschaft ist vielleicht anders als früher. Aber sie ist genauso stark wie früher. Jack ist immer noch mein bester Freund.

*****

Meine Gedanken sind wieder in der Gegenwart. Ich renne zu Jacks Auto, wo er auf mich wartet.

Ich bleibe eine Sekunde im Wohnzimmer stehen, wo meine Eltern Netflix schauen. Ich will ihnen tschüss sagen.

"Tschüss, Mama, tschüss, Papa. Bis nach dem Konzert!"

"OK, Rissy," sagt mein Vater (er benutzt gern meinen Spitznamen). "Vergiss nicht: du musst um 11.30 wieder zu Hause sein!"

"Ich weiß, Papa. Das ist immer so," sage ich zu ihm.

"Viel Spaß!" sagt meine Mama.

Ich gehe zu Jacks Auto und steige ein.

"Hey Jack, was geht ab?"

"Hey, *ma chérie*. Bist du bereit für das Konzert? Willst du deinen süßen Freund in seiner coolen Band sehen?

Jack spricht mich immer auf Französisch an. Er hat Deutsch mit Julian, und nimmt auch Französisch.

Jack sagt weiter: "Wir müssen schnell in die Konzerthalle, wenn wir gute Sitzplätze wollen. Du weißt, ich schaue mir gern die süßen Typen an."

"Okay, Jack. Und sag bitte nicht *chérie* beim Konzert. Das nervt."

"Haha, Marissa. Okay. Werde ich nicht machen. -- Ich frage mich, was für Musik die anderen Bands spielen?"

"Ich weiss nicht, Jack. Aber Jules Band hat die ganze Woche für *Battle of the Bands* geprobt. Ich hoffe, dass sie gewinnen."

"Ich auch! Jules und ich reden fast jeden Tag über den Wettbewerb. Der ist ganz wichtig für die Band. Der Preis ist der Hammer! Zwei kostenlose Stunden in einem professionellen Aufnahmestudio."

Julian ist jetzt mein fester Freund, aber Jack und Julian sind auch gute Freunde geworden. Wir drei verbringen viel Zeit zusammen. Natürlich waren Jack und ich vorher schon Freunde. Aber Julian hat viel

Spaß mit uns beiden, und wir sind nun alle guten Freunde.

Wie habe ich Julian kennengelernt? Es war Anfang des Schuljahres. Im Englischunterricht. Jules war neu in unserer Schule. Als er zum ersten Mal in das Klassenzimmer hereinkam, war ich überrascht. Er hatte weiße Shorts und ein rosa Hemd mit langen Ärmeln an. Er trug auch Vans -- meine Lieblingsschuhe. Mit seinen langen, aber nicht zu langen, schwarzen Haaren, braunen Augen und sehr weißen Zähnen... naja, ich habe ihn gern angeschaut. Er war ein gutaussehender Typ. Und auch super nett. Das ganze Semester haben wir in der Englischklasse miteinander gesprochen. Zwei Wochen vor Weihnachten hat er mich gefragt, ob ich mit ihm abhängen will.

"Marissa, hast du Freitagabend schon 'was vor?"

"Nein, ich glaube nicht. Warum?" habe ich ihn gefragt.

"Meine Band hat diese Woche keinen Gig im Klub, und ich habe den Abend frei. Willst du vielleicht ins Kino gehen?"

"Klar, Jules. Danke," habe ich geantwortet.

Unser Date am Freitagabend war toll. Nach dem Date waren Jules und ich ein Paar.

*****

Jack und ich gehen in die Konzerthalle und finden ein paar Sitzplätze. Sie sind gut, denn wir können die Bands gut sehen. Das Konzert ist echt der Hammer! Viele Bands sind dabei, und jede Band darf zwei Songs spielen. Danach bekommen sie eine Bewertung [von 10 bis 1] von dem Experten-Panel. Schließlich singen die drei besten Bands noch einen Song. Das ist die letzte Runde. Jules' Band klingt toll! Sie schaffen es in die letzte Runde, wo sie eine Eigenkomposition spielen. Ich finde den Song echt gut -- ich denke, moderne Rockmusik aus Österreich inspiriert Jules sehr. Der Song klingt ein bisschen wie die Songs von *Pizzera und Jaus*, einem Musiker-Duo aus Österreich. Jules hört ihre Musik oft. Er mag ihre Songtexte und ihren Stil. (Jules ist zwar in New England geboren, aber seine ganze Familie ist aus Deutschland oder aus Österreich, und er spricht noch viel Deutsch zu Hause.)

Am Ende gewinnt *Tribe* nicht. Aber Jack und ich sind stolz auf Jules und seine Band. Wir warten in der Lobby auf sie.

"Jules, du hast SO toll gespielt!" sage ich. Ich umarme ihn und lächle.

"Danke, Marissa!"

"Yeah, Alter! Der Song hat mir echt gefallen!" sagt Jack.

"Danke, Bruder! -- Na, ihr zwei! Passt auf, ich muss die Sachen von der Band aufräumen," sagt Jack zu uns. "Marissa, wir sehen uns am Sonntag, nicht wahr? Wir sind um elf am Strand."

"Genau, Jules. Was soll ich mitbringen?"

"Absolut nichts. Meine Tanten werden alles haben. Wirklich alles."

"Okay, Jules. Bis später," sage ich ihm. "Du hast so gut gespielt."

"Danke. Tschüss Marissa, tschüss Jack."

Als wir aus der Lobby gehen, sagt Jack zu mir: "*Chérie*, du hast echt Glück gehabt. Du hast einen süßen und talentierten Freund."

"Hast Recht, Jack. Du hast Recht."

Kapitel 2
Jules

Es ist Sonntag. Meine Eltern und ich fahren zum Strand und wir sind schon fast da. Am Eingang zum Parkplatz sehe ich Jack sofort. Das ist sehr leicht, denn er trägt ein orangefarbenes Hemd. (Das ist die Uniform der Leute, die am Strand arbeiten, und Jack arbeitet dort.) Er hat auch eine verrückte Kappe auf. Jack trägt immer interessante Klamotten. Das gefällt mir.

Wir dürfen direkt parken, aber mein Vater ist ein sehr freundlicher Kerl. Er hält das Auto an, kurbelt das Fenster runter, und begrüßt Jack.

"Hallo, Jack!"

"Guten Morgen, Herr Schneider, Frau Schneider, Jules! Wie war es in der Kirche heute Morgen, Herr Schneider?"

Jeden Sonntag, an dem Jack arbeitet, hat er mit meinem Vater das gleiche Gespräch. Mein Vater mag es, dass Jack ihn anspricht. Jack fragt ihn nach der Kirche, denn mein Vater ist sehr religiös und redet gern über die Predigt.

"Danke der Nachfrage, Jack. Alles war gut heute Morgen in der Kirche. Wir haben gesungen, wir haben gebetet, und wir haben dem Pfarrer zugehört."

"Sehr gut. Ich wünsche Ihnen einen angenehmen Tag am Strand. Wird die ganze Familie da sein, wie immer?" fragt Jack meinen Vater.

"Jawohl, Jack. Wir verbringen den ganzen Tag hier. Komm bitte nach der Arbeit vorbei. Es gibt sehr viel zu essen."

"Das ist nett von Ihnen. Danke sehr. Bis dann," antwortet Jack.

Wir parken und laufen langsam zum Strand, genau wie jeden Sonntag. Es ist eine Tradition, dass wir jeden Sonntag nach der

Kirche zum Strand fahren (wenn das Wetter gut ist!) Wir machen ein Grillfest mit der ganzen Familie. Alle sind dabei: Tanten, Onkel, Cousins und Cousinen und meine Großeltern mütterlicherseits. Normalerweise sind wir zwanzig bis dreißig Personen. Es ist schön, eine große amerikanische Familie mit deutschen und österreichischen Wurzeln zu haben. Aber meine engste Familie ist eigentlich ganz klein: da sind meine Eltern, mein Bruder und ich. Mein Bruder geht in Florida zur Universität. Deshalb können sich meine Eltern ganz und gar auf mich konzentrieren. Hurra! Es ist schrecklich. Und im erweiterten Familienkreis bin ich gerade auch der einzige Teenager. Alle meine Cousins und Cousinen sind älter, und viele haben ihre eigenen Kinder. Diese Nichten und Neffen zweiten Grades sind alle Kleinkinder unter 10 Jahren. Diese Grillfeste sind manchmal echt langweilig für mich. Ich habe also Marissa eingeladen. Sie kommt in einer Stunde, nach ihrem Klavierunterricht.

Für den Moment konzentriere ich mich auf das Grillfest. Ich muss alles bereit machen: die Tische, den Grill und die Musik. Es liegt jede Woche an mir, die Musik zu arrangieren, denn ich habe die besten Playlists.

Zuerst sehe ich meine Cousine Carla mit ihrem Mann und zwei Kindern. Sie hat eine Platte mit Frikadellen gebracht. Carla findet sie richtig lecker, und ich auch!

"Hi, Jules," sagt sie zu mir. Jules ist der Spitzname, den ich seit Jahren in der Familie habe.

"Hi, Carla," sage ich. Ich umarme sie und sie gibt mir einen Kuss auf die Wange. Und sofort kommen die Fragen über Marissa: "Jules, deine Mama erzählt mir, dass deine Freundin heute kommt. Ist das so? Wann kommt sie genau?"

"Ja, Carla, Marissa kommt in einer Stunde oder so," antworte ich.

"Wie süß! Ihr könnt zusammen am Strand entlang spazieren gehen. Wie romantisch!"

"Um Gottes Willen, Carla! Lass mich in Ruhe!" sage ich ihr.

Langsam werden die anderen mit den nötigen Strandsachen ankommen: Stühle, Handtücher, Volleybälle und, natürlich, das Essen. Es gibt allerlei Gerichte und Platten: geschnittenes Gemüse, fertig fürs Grillen; Obstteller, Paprika-Chips, Erdnuss-Flips und Salzstangen; hausgemachter Obatzda mit Brot und Brezeln von einer deutschen Bäckerei. Natürlich bringen alle viel Fleisch mit. Es gibt viele Sorten Wurst, Schweinesteaks und Rindersteaks, und auch vegane Würste und Burger für alle, die kein Fleisch essen. Natürlich gibt es auch Ketchup und viel Senf (süßen Senf, auch scharfen und mittelscharfen.) Jede Woche bringen die gleichen Leute die gleichen Sachen mit.

Mein Cousin Ralf kommt als Nächster an, er ist oft viel früher als die anderen. Das ist gut so, denn er ist der Grillmeister.

Ralf begrüßt mich mit: "Grüß dich, Jules! Deine Freundin kommt heute, nicht wahr?"

Es ist klar, dass es keine Geheimnisse in meiner Familie gibt. Jede Person in meiner Familie fragt nach Marissa. Sie sagen nicht: "Wie läuft die Schule?" oder "Du siehst gut aus!" Nein. Sie wollen meine Freundin sehen. War es vielleicht doch keine gute Idee, Marissa einzuladen? Ich weiß es nicht.... Ich will ihr eine SMS schicken und ihr sagen, dass sie nicht kommen soll, aber es ist zu spät. Ich sehe sie schon am Tor. Sie schaut durch das Autofenster und redet mit Jack.

Marissa parkt und steigt aus dem Auto. Sie kommt zu uns. Sie lächelt, aber sie sieht nicht sehr froh aus. Ich weiß nicht, was sie gerade denkt.

"Hi, Marissa. Danke, dass du gekommen bist. Was hast du mitgebracht?"

"Hi, Jules. Ich habe Kekse gebacken. Ich dachte, fast alle mögen Kekse," antwortet sie.

Carla mischt sich in unser Gespräch ein: "Was für eine tolle Idee! Die Kinder werden sie lieben. Grüß dich, Marissa! Ich bin Carla."

"Es freut mich, Carla. Eure Familie ist so groß! Ich werde definitiv ein paar Namen vergessen," sagt Marissa.

"Mach dir keine Sorgen, Marissa," sage ich zu ihr. "Na, auf geht's! Der Rest meiner Familie will dich auch kennenlernen."

Marissa und ich machen die Runde. Ich stelle sie allen vor: meinem

Onkel Mark und meiner Tante Marianne, meinen Cousins Peter und Stefan, ihren Frauen und Kindern, meinen Großeltern und vielen anderen Leuten. Die große Familie ist für Marissa ein Schock, denn ihre eigene Familie ist wirklich klein. Es sind nur ihre Eltern und ihre kleine Schwester, Grace. Ursprünglich kommt ihre Familie aus Pittsburgh, also hat sie keine andere Familie in der Nähe.

Schließlich sehen wir Carla wieder. Sie sagt zu uns: "Warum geht ihr nicht am Strand spazieren? Wenn ihr zurückkommt, ist das Essen bestimmt schon fertig."

"Gute Idee, Carla. Danke!"

Ich lege meine Hand auf Marissas Rücken und sage, "Gehen wir, ne?"

Ich denke, sie ist froh, eine kleine Pause von meiner großen Familie zu haben. Sie sagt zu mir: "Ja, Jules. Gehen wir."

Wir laufen eine halbe Stunde. Der Strand ist eigentlich nicht sehr lang, aber wir machen kurze Pausen und laufen ein bisschen im Wasser. Marissa versucht mehrmals meine Hand zu halten, aber jedes Mal ziehe ich sie weg. Beim dritten Mal fragt sie mich:

"Jules, warum willst du meine Hand nicht halten?"

"Keine Ahnung, Marissa. Ich will nur nicht, weil meine Familie da ist," antworte ich ihr.

"Aber wen juckt es, Jules? Ich bin deine Freundin."

"Ich weiß, aber meine Familie nervt furchtbar, und ich will mir ihre Kommentare nicht anhören."

Marissa ist mit meiner Antwort nicht zufrieden, aber glücklicherweise sagt sie nichts. Wir gehen zurück, ohne ein Wort zu sagen. Das Essen wartet auf uns.

Mit voll geladenen Tellern setzen wir uns an die Tische. Ich erkläre ihr alles. Was ist in jedem Gericht? Wie wird das Gericht zubereitet? Was ist typisch deutsch daran? Sie ist überrascht, denn viele Gerichte sind eigentlich auch typisch amerikanisch. Sie ist auch positiv überrascht, dass es mehr zu essen gibt als verschiedene Sorten von Bratwurst.

Während wir essen, können wir eindeutig Jacks Stimme hören.

"Hallo, Familie Schneider! Danke für die Einladung! Ich bin da und habe einen Riesenhunger!"

Ich lächle. Jack ist die Freundlichkeit schlechthin. Na klar, Jack kennt meine Familie, aber nicht allzu gut. Aber es ist egal, ob er sie gut kennt oder nicht: denn Jack ist Jack. Alle lernen ihn kennen, denn er redet mit allen. Jack hat eine tolle Persönlichkeit. Nachdem er die Runde gemacht hat, kommt er zu dem Tisch, wo Marissa und ich sitzen.

"Na, wie geht es euch? Was geht ab?" fragt er uns.

Wir fangen an über die Schule zu reden. Wir reden auch über das Konzert von dem anderen Abend. An einem Punkt schaut Jack mich an und fragt mich: "Bist du beim Klassenausflug am Mittwoch dabei?"

Jack und ich sind in derselben Deutschklasse. Wir sitzen zusammen und reden sehr oft miteinander. Am Mittwoch fährt unsere Klasse in die Stadt. Wir besichtigen die Neue Galerie in New York City. Wir werden viel europäische Kunst sehen, die wir auch im Unterricht analysiert haben.

"Na klar komme ich mit, Jack! Ich will dich zum Restaurant von meiner Cousine bringen. Es ist in der Nähe von dem Museum," sage ich zu ihm.

"Fantastisch! Du weißt, wie gern ich esse," antwortet Jack. Er zeigt uns seinen Teller, der vor zehn Minuten voll war. Jetzt ist er leer!

Wir drei, Jack, Marissa und ich, verbringen den Nachmittag zusammen. Wir plaudern und spielen Volleyball mit meiner Familie. Marissa ist viel leiser als sonst. Aber sie antwortet, wenn Jack mit ihr spricht.

Es scheint, als ob wir ein Problem haben.

Die Wahrheit ist, sie hat keine Ahnung, wie groß dieses Problem eigentlich ist.

Kapitel 3
Jack

Es ist der Tag von unserem Ausflug in die Neue Galerie. Unsere Deutschlehrerin will, dass alle in den Bus einsteigen. Jules und ich steigen in den Bus ein und suchen hinten Sitzplätze. Jeder von uns hat ein Informationspaket von der Lehrerin über die Kunst, die wir heute sehen. Natürlich gibt es auch Fragen zu beantworten. Wir sollen sie eigentlich für den nächsten Unterricht beantworten. Ich wette, niemand schaut sie an! Hauptsache für uns ist heute nur dies: wir sind nicht in der Schule! Kunst, Schule, Informationspakete: das sind alles Nebensachen! Es ist Frühling, und das Wetter ist gerade so schön. Jules und ich, wir sind erst im dritten Jahr der High School, aber wir haben schon jetzt keinen Bock auf die Schule. Wir sind zwar noch keine Seniors, aber wir haben ihre Krankheit die *Senioritis*. Das ist die Ausrede. Aber die Wahrheit ist, wir sind faul! Haha!

In seiner anderen Hand hält Jules zwei Plastiktüten. "Was hast du in den Tüten?" frage ich ihn.

"Ich habe Landjäger und Salzstangen mitgebracht," erklärt er. "Und so viel kann ich nicht essen. Iss doch mit mir, Jack!"

"Alter, du weißt wie sehr ich Landjäger mag! Danke. Sind die vom Sonntag?" frage ich Jules.

"Genau. Carla hat sie mitgebracht. Sie hat uns auch ein paar extra gegeben, denn sie geht oft zu einem deutschen Metzger. Willst du jetzt ein paar essen?"

"Ja, klar."

Jules kennt mich sehr gut. Er weiß, dass ich immer essen will. Er gibt mir die Tüte und ich fange an zu essen. Ich beiße ein Stück Landjäger ab und schaue auf Jules. Er holt sein Handy raus und sucht seine "Schulausflug"-Musik. Ich schaue ihm zu. Er berührt den Display seines Handys so leicht. Jules ist so zart. Sicher, er hat viel Charisma und ist deshalb ein toller Musiker. Gleichzeitig ist er aber auch süß und liebenswürdig. Das ist ein großer Kontrast zu den Persönlichkeiten in seiner Familie.

Jules fragt mich: "Willst du mit mir Musik hören?"

*****

Normalerweise bin ich ziemlich stark und extrovertiert. Vielleicht ist das eine Maske, die ich trage. Vielleicht mache ich nur so, weil ich in meiner Welt funktionieren will. Weil ich keine Probleme will. Schwul zu sein in dieser Stadt ist nicht immer eine gute Erfahrung. Also schütze ich mich mit meiner Persönlichkeit. Manchmal bin ich ein Clown. Manchmal nerve ich andere Menschen. Und dann werden diese Menschen meine Sexualität nicht kritisieren, sondern meinen Charakter. Aber mit Jules ist es anders. Ich brauche keine Maske mit ihm. Mit ihm kann ich relaxen. Er ist ein guter Freund.

Nach der einstündigen Busfahrt kommen wir in der Stadt an. Unsere Lehrerin nimmt das Mikrofon im Bus und sagt, wir sollten nicht vergessen, dass es Arbeit im Informationspaket gibt. Wir müssen sie während des Museumsbesuchs machen. Ein paar Streber haben das Paket und einen Bleistift in der Hand, aber die meisten Schüler haben das Paket schon in ihre Schultaschen gesteckt. Die Lehrerin meint es wohl gut -- sie will, dass wir etwas lernen -- aber da hat sie Pech gehabt.

"Ihr habt zwei Stunden im Museum und zwei Stunden zum Essen und zum Herumspazieren. Im Paket gibt es auch einen Gutschein für das *Café Sabarsky* und das *Café Fledermaus*. Mit dem Gutschein bekommt ihr einen Rabatt von 20%. Ich kann das Tagesmenü sehr empfehlen, es ist sehr lecker. Aber egal wo ihr esst, müsst ihr rechtzeitig zurück sein," sagt sie zu uns. Ich denke, niemand hört ihr zu. Jules und ich steigen aus dem Bus und gehen ins

Museum. Wir gehen sofort hinauf in den ersten Stock und schauen uns die Kunst dort an.

Zuerst schauen wir uns die Ausstellung *Karneval- und Faschings-Traditionen* an. In dem ersten Raum gibt es viele bunte Kostüme, Schuhe, Schalen und so. Ich mag bunte Sachen, aber das alles war mir fast zu bunt. Eins ist sicher: man hat beim Karneval viel Spaß!

Dieser Raum interessiert uns nicht so sehr wie der zweite Raum. Dort ist das Thema: *Faschingsmasken und was dahinter steckt*. Es gibt 90 oder 100 verschiedene Masken ------ die verrücktesten Masken! Sie haben verschiedene Farben und Formen. Ich habe zwar keine Lust, die Arbeit im Informationspaket zu machen. Aber ich will schon wissen, was wir über diese Masken lernen sollen. Viele Masken sind übertrieben und bunt, aber viele andere

Masken sind ganz lustig. Aber sie sind alle unheimlich.

Jules ist auch fasziniert. Er ist leise, er sagt nichts während er alles anschaut -- ... Es kommt mir ein Gedanke: ich trage jeden Tag eine Maske. Eine metaphorische Maske. Und ich verstecke mein wahres Ich hinter ihr, hinter dieser Maske. Nicht nur im Karneval. Ich habe genau diesen Gedanken in meinem Kopf, als Jules mich flüsternd fragt: "Wie hast du gewusst, dass du Jungs magst?"

Wow. Ich habe diese Frage gar nicht erwartet. Schon gar nicht von Jules. Jules und ich, wir sind gute Freunde, aber wir reden hauptsächlich über Musik, Hausaufgaben und unsere Familien. Wir sprechen nie über meine Sexualität, oder Sexualität überhaupt.

"Ich weiss nicht, Jules. Ich habe es wohl immer gewusst. Seit ich ein Kind war.

Ich habe immer lieber an Jungs gedacht. Warum fragst du?"

"Einfach so. Vergiß es. Diese Masken sind faszinierend, oder?" fragt er mich. Ich denke, er will das Thema wechseln.

Es stört mich nicht, Jules' Fragen zu beantworten. Aber warum fragt er mich das? Jules nimmt sein Informationspaket. Er findet den Text zu einer spezifischen Maske und liest:

Das ist der "Ebenseer-Fetzenzug". Es ist seit 2011 ein immaterielles UNESCO-Erbe. Die "Fetzen" tragen alte, weite Frauenkleidung, mit sehr vielen alten Lumpen daran. Einen "Fetzenhut" gibt es auch. Die Holzmasken sind normalerweise von regionalen Künstler*innen.

Was denkt ihr: garantiert die Maske Anonymität? Kann man den Menschen hinter dem Kostüm erkennen?

Ein wichtiger Teil dieser Tradition ist "das Austadeln". Das bedeutet: die "Fetzen" in ihren Kostümen sprechen mit den Zuschauer*innen, aber nicht mit ihrer normalen Stimme. Warum? Sie sagen den Zuschauer*innen ihre Meinung. Ihre echte Meinung. Meinungen, die sie ohne Maske vielleicht nicht sagen würden. Oder: sie machen Witze und haben Spaß. Was meint ihr: wäre das eine schöne Tradition für unsere Stadt?

Natürlich hat die Lehrerin viel Information von Wikipedia abgeschrieben, aber im Moment ist mir das ganz egal. Ich denke nicht an sie, sondern an Jules und wie sehr ich ihn mag. Er sieht gut aus, klar, aber er ist auch eine gute Person. Könnte es sein...?

Auf einmal kommen andere Schüler an und schauen genau die Masken an, wo Jules und ich stehen. Der Lärm, den sie machen, passt nicht so gut zu einem Museumsbesuch. Wir sagen Hallo zu allen, gehen aber dann in eine andere Abteilung des Museums.

*****

Jules und ich verlassen den Raum, wo unsere. Mitschüler*innen sind. Normalerweise will Jules mit allen reden, aber heute sagt er: "Gehen wir essen. Ich bringe dich zum Restaurant von meiner Cousine."

Ich habe keine Möglichkeit zu antworten, denn Jules klopft mir leicht auf die Schulter. Er zeigt auf die Treppen. Wir gehen runter und sind am Haupteingang des Museums. Wir sehen ein Poster für ein Konzert: **Davon geht die Welt nicht unter.** *The Will to Survive: Karen Lempner sings the songs of Bruno Balz.* "Cool, oder?" sage ich zu Jules. Er scheint verärgert zu sein, aber ich weiß nicht warum.

Jules sagt mir, dass das Restaurant seiner Cousine nicht weit weg ist. Wir verlassen das Museum und gehen an vielen Geschäften vorbei. Auf den Straßen sehen wir Menschen, die ihren Weg gehen. Es gibt andere Menschen, die um Geld betteln. Wir sehen auch andere, die an der Treppe vor ihrer Wohnung chillen. Alle diese Menschen leben auf ihre Art, genau wie es sein soll.

Jules redet nicht mit mir für die zehn Minuten, die wir bis zum Restaurant brauchen. Als wir zu einem Gebäude mit rotem Vordach kommen, hält er an und sagt: "Hier sind wir."

Wir gehen in das Restaurant. Es ist ein ganz nettes Lokal, gemütlich, aber nicht zu klein. Es heißt *Heimat*. Das ist ein anderer Name für Heim, Zuhause, mit anderen Worten: der Ort, wo du dich wohl fühlst. Wir lernen im Deutsch- und Geschichtsunterricht, dass die Nazis und Neonazis das Wort *Heimat* mögen, aber in diesem Lokal haben Nazis nichts zu suchen. Im Fenster steht ein *No Place for Hate*-Schild. Es gibt auch eine Nische, eine Ecke im Restaurant, die den Namen *Geschwister Scholl* trägt. Auf einem Schild steht der Name und eine weiße Rose. Ich schaue mich weiter um und sehe viele Männer und Frauen am Tresen und an den Tischen sitzen. Das Restaurant hat ein breites Publikum: Bauarbeiter*innen, Student*innen, Geschäftsleute, Museumsbesucher*innen, Museumsarbeiter*innen und andere kann ich sehen.

In einem anderen Teil des Restaurants gibt es ein paar freie Tische, und Jules und ich setzen uns dort hin. Die Kellnerin kommt zu dem Tisch. Als sie Jules sieht, fängt sie an zu schreien:

"Julian Schneider! Wieso habe ich dich seit so langer Zeit nicht gesehen? Lass dich' anschauen! Du schaust so gut aus! Na, und wie heißt dein Freund?"

"Hi, Marianne. Wie geht's dir?" sagt Jules. Er steht auf und umarmt sie ganz fest. "Jack, darf ich dir meine Cousine vorstellen? Das ist Marianne."

"Hi, Jack. Ich bin seine Lieblings-Cousine. Wie geht's dir?"

Jules und Marianne sprechen ein paar Minuten auf Deutsch. Sie sprechen sehr schnell. Ich kann Jules verstehen, denn er hat sein Deutsch zu Hause gelernt und spricht immer ein bisschen langsamer als Muttersprachler. Aber Marianne ist wahrscheinlich in Deutschland geboren. Ich kann nur alle fünf Wörter von ihr verstehen, aber das ist nicht wichtig. Ich weiß, dass er sich freut, mit seiner Cousine zu reden. Nach ein paar Minuten zwinkert Marianne mir zu und geht in die Küche. Wir sitzen allein zusammen.

"Jack, ich habe für uns beide bei Marianne schon bestellt. Ich hoffe, das geht."

"Natürlich geht das, sagte ich. "Ich freue mich, dass wir das Restaurant von deiner Cousine besuchen. Seit wann gibt es *Heimat*?"

Jules fängt an, mir die Geschichte des Restaurants zu erzählen. Mariannes Urgroßeltern mütterlicherseits lebten schon lange vor dem ersten Weltkrieg in den USA und hatten in "Kleindeutschland" ein Lokal, das auch *Heimat* hieß. Das ist heute wo das *East Village* in New York liegt. Es gab eine rege, bunte Einwohnerzahl von deutschen Auswanderern in NYC. 1904 passierte aber eine Tragödie: über 1000 Menschen mit deutschem Hintergrund sind gestorben. Das Dampfschiff General Slocum, überfüllt mit Menschen, fing Feuer und sank im *East River*. Das Lokal überlebte den tragischen Tod von so vielen Kunden, und existierte weiter bis zum Anfang des ersten

Weltkrieges. In dieser Zeit gab es sehr viel Angst und Misstrauen gegenüber Menschen mit deutschem Hintergrund. Es musste schließen. Marianne hat das Restaurant an einem neuen Ort wieder aufgebaut. Mehr als hundert Jahre später.

Das Gespräch wechselt von der deutsch-amerikanischen Geschichte NYCs zu den Masken, die wir im Museum gesehen haben. Mit ernster Stimme erzählt Jules mir: "Ich fühle mich so, als ob ich jeden Tag mit einer Maske rumlaufe."

"Ich verstehe das nicht," sage ich zu meinem Freund.

"Ich weiß nicht genau, Jack, aber manchmal verstehe ich nicht meine Gefühle für meine Familie oder auch für Marissa. Ich fühle mich nur wohl, wenn ich mit dir zusammen bin."

Und mit diesen Worten nimmt Jules meine Hand in seine, aber nur für eine Sekunde.

Nach einem leckeren Mittagessen von Currywurst, Schnitzel-BLT, Spätzle mit Käse und Speck, Leberkäs, und roter Grütze als Nachtisch laufen wir zurück zum Bus. Wir gehen langsam, denn wir haben sehr viel gegessen. Aber ich gehe auch langsam, weil ich an den Tag zurückdenke.

Wir steigen in den Bus ein, und Jules und ich sitzen wieder zusammen hinten im Bus. Wir setzen uns die Kopfhörer auf und hören den gleichen Song wieder, *Eine ins Leben* von dem österreichischen Duo *Pizzera und Jaus*. Bevor der Song zu Ende ist, schläft Jules mit seinem Kopf an meiner Schulter ein.

Was mache ich jetzt?

Kapitel 4
Julian

Meine Mutter ist irgendwo im Haus. Sie ruft mir zu:

"Jules, du musst den Müll und das Recycling raustragen, bevor du gehst!"

Ganz sauer antworte ich ihr: "Ich weiß, Mutter. Ich mache das jeden Donnerstagmorgen. Heute ist ja nichts anders."

Ich glaube, dass diese Antwort meine Mutter überrascht hat. Oder vielleicht war es der Ton der Antwort, denn sie schreit mich sofort an: "Jules, was ist los mit dir? Mit der schlechten Laune solltest du das Haus lieber nicht verlassen."

Die Wahrheit ist, dass meine Mutter Recht hat. Ich fühle mich heute gar nicht gut. Als ich aufwachte, hatte ich super schlechte Laune. Irgendetwas war nicht in

Ordnung. Aber ich wusste nicht was. Ich hatte alle meine Hausaufgaben gemacht und auch für den Physik-Test gelernt. Ich war also bereit für meine Klassen. Ich hatte auch gut geschlafen. Könnte es sein...?

Vor einer Woche war meine Deutschklasse in NYC, um das Museum die Neue Galerie zu besichtigen. Ich habe den ganzen Tag mit Jack verbracht. Im Bus haben wir meine Playlists gehört, dann haben wir uns die Ausstellungen im Museum angeschaut. Später sind wir in das Restaurant von meiner Cousine Marianne gegangen. Als wir zurückkamen, haben wir wieder zusammen Musik gehört. Es war eine gute Zeit. Aber als ich im Restaurant Jacks Hand in meine genommen habe.... Was für eine Elektrizität! Ich habe noch nie so etwas gefühlt. Es stimmt, dass ich Jack mag -- ich hänge gern mit ihm ab, denn er ist ein freundlicher, lustiger Typ. Aber was ist in mich gefahren? Warum habe ich seine Hand genommen? Der Gedanke geht mir jetzt nicht aus dem Kopf: ich mag Jack mehr als einen normalen Freund. Kann es sein, dass ich ihn liebe?

Jack lieben? Wieso? Ich habe schon eine Freundin. Marissa und ich sind seit mehr als fünf Monaten zusammen. Wir gehen jedes Wochenende zusammen aus, ausser wenn ich einen Band-Gig habe. Und ich habe sie zum Strand eingeladen, um meine Familie kennenzulernen. Bin ich schwul? Wie können meine Gefühle für einen Freund von mir, für Jack, stärker sein als meine Gefühle für meine Freundin? Das ist ein riesiges Problem.

"Jules! Beeil dich! Du verpasst sonst den Bus," sagt meine Mutter.

Ich gehe mit meiner Schultasche nach unten. Ich sage nicht Tschüss und ich lasse mein Frühstück und Pausenbrot liegen. Ich nehme das Recycling und den Müll mit und verlasse das Haus.

*****

Leider wird meine Laune nicht besser, als ich diesen Morgen in die Schule komme. Ich sehe Marissa vor meiner Physik-Klasse. Das Gespräch verläuft nicht gut.

"Jules, kommst du noch zu meiner Klavieraufführung morgen Abend?" fragt mich Marissa.

"Wie bitte? Welche Aufführung? Ich weiß nichts von einer Aufführung."

"Weißt du doch, Julian. Ich habe dich vor zwei Wochen eingeladen. Ich spiele das Stück, das meine Freundin Elise geschrieben hat. Das Stück ist schwierig. Ich probe seit…".

"Marissa, ich kann nicht zu deiner Aufführung gehen. Ich habe morgen Abend eine Bandprobe. Wir proben für den Gig am Samstag."

"Was willst du mir sagen, Julian? Dass wir uns dieses Wochenende gar nicht sehen? Warum hast du es mir nicht früher gesagt? Julian…" sagt Marissa frustriert.

Das Gespräch geht nicht weiter, denn es klingelt. Die Physikstunde fängt an. Ohne Tschüss zu sagen küsse ich Marissa auf die Wange und gehe in meine Klasse, um den Test zu schreiben.

Diese schlechte Laune bleibt bei mir den ganzen Tag. Ich bin ganz verärgert. Das Resultat ist: ich verhaue den Test. Oder wenigstens habe ich das Gefühl, dass ich eine schlechte Note bekommen werde.

Ich werde ein bisschen ruhiger, als ich Jack beim Mittagessen sehe. Zum ersten Mal an diesem Tag lächle ich. Er spricht mit ein paar Jungs und einem Mädchen aus unserer Deutschklasse. Ich gehe auf sie zu und sage Hallo.

"Na, wie geht's euch?" frage ich sie.
"Hi, Julian," sagt Jack zu mir. "Was geht ab?"

Ich weiß nicht, was es ist, meine Wahrnehmung vielleicht, aber Jack spricht anders zu mir -- er ist nicht so offen, er hält sich zurück. Das mag ich nicht. Ich will die Situation in den Griff bekommen. Aber wie? Der "Gute-Laune-Trick" ist gut. Alle Leute mögen freundliche Gesichter. Ich klopfe Jack freundlich auf die Schulter und frage ihn: "Treffen wir uns später und arbeiten an dem Masken-Projekt für die Deutschklasse?"

"Ja. Na klar," sagt er.

Und mit dieser Antwort ist das Gespräch zu Ende. Jack macht ein Zeichen mit den Händen, dass ich ihm später eine SMS schicken soll. Dann machen wir uns alle auf den Weg zur nächsten Klasse.

*****

Diesen Abend verlasse ich mein Haus um 7 Uhr. Ich muss bis Viertel nach 7 bei der Probe sein. Morgen Abend im Hotel Porta ist unser nächster Gig, und wir müssen wenigstens eine Stunde üben. Der Gig ist ein Empfang für eine Wohltätigkeits-Organisation. Sie hilft Obdachlosen und anderen Menschen in Not. Einerseits finde ich es cool, dass so viele Menschen dieser Organisation helfen will. Andererseits denke ich, dass diese reichen Leute nur ihren Spaß haben wollen. Aber es ist mir sowieso egal. Sie zahlen uns eine Gage von 200 Dollar und die Organisation bekommt das Geld, das sie braucht. In Ordnung. Läuft bei mir.

Ich komme bei Sam zu Hause an. Er ist ein Kumpel und ein Bandkollege. Mit meiner Gitarre in der Hand gehe ich in das Haus und grüße seine Eltern, die in der Küche sind. Ich gehe dann gleich runter in den Keller, wo wir jeden Donnerstag üben.

"Alter, hallo!" sagt Sam zu mir.

"Hey," antworte ich ihm gedankenlos.

"Alles okay?" fragt Sam.

"Jein. Aber mach dir keine Sorgen. Ich kann heute Abend die Probe machen."

"Klar, Jules, aber ich mache mir keine Sorgen um die Musik, ich mache mir Sorgen um dich."

"Danke, Sam. Aber es geht. Wirklich."

Grady kommt einige Zeit später mit seinem Bass an. Sam und Grady haben diese Band vor zwei Jahren gegründet, als sie noch in der Middle School waren. Damals haben sie nicht oft für ein Publikum gespielt, aber sie haben immer davon geträumt, später Gigs zu spielen.

Letzten Herbst haben sie mich eingeladen, mit ihnen zu spielen. Nach einer Weile haben wir angefangen, vor einem größeren Publikum zu spielen als nur unseren Familien! Und bald haben wir unser erstes Geld verdient! Das war mega! Wir haben gefeiert - eine ganze Woche lang!

Ich feiere heute Abend nicht. Ich fühle mich schrecklich. Verwirrt. Ich kann nicht gut spielen. Die Jungs machen sich Sorgen.

"Julian, was ist los mit dir? Wir müssen gut proben, wenn wir auch morgen Abend gut spielen wollen."

"Ich weiß. Es tut mir leid, Jungs."

Ich will mit ihnen über meine mentalen, ich meine, emotionalen Probleme reden. Wir sind Kumpels und Bandkollegen, aber ich kann meine Gefühle für Jack niemandem anvertrauen.

Nach einer schmerzvollen Probstunde verabschiede ich mich von Sam und Grady und gehe nach Hause.

Kapitel 5
Marissa

Vor einer Woche habe ich etwas Schreckliches erfahren. Ich habe einen Snapchat von einer "Freundin" bekommen. Die Wahrheit ist, Paulina ist wirklich nicht meine Freundin, sondern ein Mädchen, das ich vom Orchester-Unterricht kenne. Aber, wie viele Teenager es heutzutage machen, gebe ich meinen Benutzernamen bei Instagram oder Snapchat oft aus. Paulina hat mich irgendwann danach gefragt. In dem Moment war es leichter, ihr die Info zu geben. Ich wollte mir keinen Stress machen.

Ich habe eine Serie von Snapchats von Paulina bekommen. Die ersten zwei Snaps waren schreckliche Fotos von Mikes, einem beliebten Pizzaladen in der nächsten Stadt. Kryptische Nachrichten waren dabei.

Ich war bei Mikes Pizzeria und ich habe das gesehen.

Aber das Foto, das mich schockiert hat, war dieses:

Das Foto war von Jack, meinem besten Freund, und Julian, meinem festen Freund. Und sie hielten Händchen draussen, vor dem Restaurant. Das Bild war nicht so deutlich. Aber eine Sache war klar. Beide Julian und Jack waren locker. Sie sahen entspannt aus. Was haben sie wohl diskutiert? Ich hatte keine Ahnung davon. Und ich habe es nicht verstanden. Gar nicht.

In dem Moment, als ich das Foto gesehen habe, war ich verblüfft. Ich konnte ich es nicht glauben. Klar, es ist nur ein paar Sekunden auf meinem Display geblieben. Aber dieses Bild werde ich nie wieder vergessen.

So viele Fragen gingen mir durch den Kopf:

Was haben Jack und Julian gemacht?
Warum haben sie Händchen gehalten?
Warum hat Julian gelächelt?
Warum schienen sie so glücklich und vertraut zu sein?

Natürlich habe ich Paulina nicht geantwortet. Ich wusste nicht, was ich machen sollte. Ich habe auf meinem Bett gesessen -- ich habe mich nicht bewegt, ich habe nichts gesagt. Ja, Paulina ist ein Klatschmaul und startet gern Probleme bei allen in der Schule. Aber das Foto konnte nicht lügen: Jack und Julian waren zusammen draussen vor der Pizzeria. Die ganze Welt hatte Einblick in ihre persönliche Welt. Eine Welt, in der ich keinen Platz hatte.

Eine lange Zeit habe ich in meinem Zimmer verbracht. Ich hatte keine Ahnung, wie es weitergeht. Dann habe ich Jules angerufen. Ich wollte direkt mit ihm sprechen. Normalerweise schicke ich lieber eine SMS oder einen Snap. Aber diese Sache war zu wichtig. Ich brauchte eine Antwort. Sofort.

So war das Gespräch:

Julian(*glücklich): Hey, Marissa, was geht?
Ich(*nervös): Julian, ich muss mit dir reden. Ich meine, wir müssen reden.

Julian:	Was ist los, Marissa?
Ich(*wütend):	Es gibt eine Situation und ich muss mit dir reden.
Julian (*nichts ahnend):	Aber wir reden jetzt.
Ich(*traurig):	Nein. Ich will mit dir unter vier Augen sprechen.
Julian:	Okay. Ich habe eine Probe mit Tribe heute Nachmittag und heute Abend habe ich...
Ich:	Nein, Jules. Das muss heute sein. Wann hast du Zeit?
Julian:	Ach so. Es ist ernst?
Ich:	Ja, sehr ernst.
Julian:	Okay. Wir können uns um ein Uhr im Park treffen.
Ich:	Okay. Bis dann.

Normalerweise sprechen Jules und ich nicht am Telefon. Es hat mich nicht überrascht, dass das Gespräch kurz war. Der

Ton aber, und der Grund für das Gespräch, das hat mir Bauchschmerzen gegeben. Mir war übel die ganze Zeit bis zum Treffen im Park um 1 Uhr.

*****

Später am selben Tag bin ich zu Fuß in den Park gegangen. Ich habe mich auf die Bank gesetzt. Ich hatte keine Ahnung was ich Jules sagen würde. Natürlich liebte ich ihn, aber scheinbar hatte er andere Gefühle.

Ich habe gesehen, wie er aus seinem Auto gestiegen ist. Er trug Jeans, ein hellblaues langärmeliges Hemd und Flip-flops - das war praktisch seine Uniform. Er sah so gut aus wie immer. Schön.

"Hi, Marissa," sagte er und versuchte, mir einen Kuss zu geben.

Ich akzeptierte den Kuss nicht und antwortete: "Hi, Julian."

"Marissa, was ist los? Warum konnten wir nicht am Telefon reden?"

"Julian, heute Morgen habe ich einen Snapchat von Paulina bekommen…"

"Dieses Mädchen ist nervig," sagte Julian. "Ist das warum du dir Sorgen machst? Was hat sie dir gesagt?"

"Mir ist egal, was sie gesagt hat. Das Foto, das sie mir geschickt hat, ist mir nicht egal."

"Was war es?" fragte Julian mich.

Ich atmete tief ein und antwortete: "Jules, sie hat mir ein Foto von dir und Jack vor der Pizzeria geschickt."

Jules wusste immer noch nicht, was los war. Er sagte mir: "Ach so, Jack und ich haben Dienstagabend bei Mikes gegessen. Wir haben das Projekt für die Deutschklasse diskutiert."

"Jules…"

Ich habe angefangen zu weinen. Ich wollte nicht weinen, aber alle diese Gefühle waren zu viel für mich. "Julian, in dem Foto, das sie geschickt hat, habt ihr beide Händchen gehalten."

Es gab ein langes Schweigen für eine Minute oder zwei. Es hat sich viel länger angefühlt.

"Marissa, ich kann es erklären..." sagte Julian.

"Jules, du musst mir die Wahrheit sagen."

Es gab einige schreckliche, verkehrte Ausreden. Zum Beispiel: er habe Jack nur getröstet, Jack habe ein großes Problem gehabt. Schließlich hat er es mir gestanden. Genau das, was ich nicht glauben wollte:

"--Marissa, ich bin schwul. Ich mag Jack. Aber du bist auch sehr besonders..."

Ich habe weiter nichts gehört. Mein Freund von fünf Monaten hat mir etwas Unglaubliches erzählt: er steht auf Jungs. Und dazu kommt: er mochte meinen besten Freund. Wie ist das passiert? Ich konnte fast nicht atmen. Ich habe viel geweint und die gleichen Fragen immer wieder wiederholt: Warum? und Wie?

Kapitel 6
Jack

Es ist Juni und das Schuljahr ist fast vorbei. Endlich. Julian hat mir über das Gespräch erzählt, das er mit Marissa vor einem Monat im Park hatte. Er erklärte die Situation so gut er konnte, aber ich glaube, das war nicht genug für Marissa. An dem Tag im Park hat sie ihn nicht angeschrien, aber sie hat geweint. Ich weiß nicht genau warum. Vielleicht hat sie um ihre Beziehung zu Julian geweint. Oder weil sie sich betrogen fühlte. Wahrscheinlich beides. Wie dem auch sei: sie hat danach nicht mehr mit Julian gesprochen, und auch nicht mit mir.

Die Wahrheit ist, dass sie mir sehr fehlt. Früher, wenn etwas Gutes oder Schlechtes in meinem Leben passiert ist, habe ich ihr eine SMS geschickt oder sie angerufen. Sie war meine beste Freundin. Ich habe ihr alles erzählt. Sie ist die erste

Person, der ich die intimste Information meines Lebens gesagt habe - dass ich schwul bin. Nur ihr konnte ich immer vertrauen. Jetzt bin ich mit einer Person zusammen, die ich wirklich liebe. Und ich kann diese Gefühle mit ihr gar nicht teilen. Obwohl ich mit Julian sehr glücklich bin, bin ich traurig, dass wir drei nicht mehr Freunde sind.

Julian und ich haben das Projekt über Faschingsmasken für die Deutschklasse beendet. Nach dem Vortrag haben wir angefangen, viel mehr Zeit miteinander zu verbringen. Wir sind zum Essen ausgegangen, wir sind ins Kino gegangen, an den Strand gefahren, ins Einkaufszentrum gefahren. Wir haben viel Spaß zusammen, aber ich denke, das hat uns auch etwas gekostet. Julian hat dann so viel Zeit mit mir verbracht, dass seine Bandkollegen sich beschwert haben. Er hat viele Bandproben verpasst. Schließlich haben Sam und Grady jemand anders gefunden, der beide Instrumente spielen und singen kann. Julian war zuerst ganz sauer, aber er hat verstanden, dass die Band *so* nicht weitermachen konnte.

Julian und ich haben Marissa nicht viel in der Schule gesehen. Sie hat auch neue Freunde gefunden. Ich weiß nicht warum oder wie, aber sie hat angefangen, viel Zeit mit Paulina zu verbringen. Das ist das Mädchen, das ihr den Snapchat geschickt hat -- jenen Snapchat, der uns so viele Probleme überhaupt erst bereitet hat. Vor *dem* Tag waren wir alle so gute Freunde...

Was ist seitdem mit mir passiert? Es war kein Zuckerschlecken. Julian flog aus seiner Band und ich, ich verlor meinen Job! Mein Chef am Strand hat mich gefeuert, weil ich so viel Arbeitszeit verpasst habe. Ich wollte mehr Zeit mit Julian verbringen. Und die Wahrheit war, dass Julian mich wirklich gebraucht hat. Seitdem er seiner Familie erzählt hat, dass er schwul ist, hatte er viele Probleme mit ihnen. Und

das ist immer noch so. Aber ich bin für ihn
da.

*****

An einem Tag nach dem Examen sind
Julian und ich zusammen am Strand. Wir
laufen die Seebrücke entlang und schauen
den Menschen zu: ein paar Männer angeln,
Mütter spielen mit ihren Kindern, andere
Leute segeln. Es ist wirklich sonnig und es
gibt eine leichte Brise. Es ist echt schön.
Julian sagt zu mir:

"Jack, ich kann nicht glauben, dass wir
hier sind."

"Natürlich, Julian. Die Examen sind
für dieses Jahr vorbei," sage ich.

"Das meine ich nicht. Ich meine…"

"Ich weiß, was du meinst, Julian. Ich
bin auch glücklich. Ich mag dich sehr und es
macht mir viel Spaß, Zeit mit dir zu
verbringen."

Julian antwortet, "Diese Situation mit Marissa macht mich immer noch krank. Ich wollte ihr nicht wehtun."

"Ich verstehe dich total. Marissa ist eine tolle Person und wirklich besonders. Ich vermisse sie. Sie hat mir viel geholfen, mich selber zu akzeptieren. Ich schulde ihr so viel," sage ich.

"Für mich war es natürlich anders, denn ich habe sie erst dieses Jahr kennengelernt. Aber ich mochte sie auf den ersten Augenblick..."

"Julian, ich habe eine Idee. Gib mir dein Handy. Wir werden Marissa jetzt gleich anrufen."

"Jack, ist das eine gute Idee? Was passiert, wenn sie nicht an ihr Handy geht? Warte mal..."

Ich will keine Proteste mehr von Julian hören. Ich nehme sein Handy, öffne die FaceTime-App und wähle die Nummer von

Marissa. Ich halte das Handy so, dass sie uns beide sehen kann, und wir warten.

Glossar

A

ab – see verb "ab" is attached to

Abend - evening

aber - but

abgelenkt - distracted

abgeschrieben – copied, cheated

abhängen - hang out

absolut - absolutely

Abteilung – department, section

ab(zu)holen - to pick up

ach - oh, as in, ach so"

(in der) achten Klasse - (in) eighth grade

(keine) Ahnung – no clue, idea

akzeptieren – accept

akzeptierte – accepted

all - all

alle(n) – all or everyone

alle fünf Wörter - every fifth word

allein - alone

allerlei - various

alles - everything

allzu – all too

als – when or as

also – so, therefore

alte - old

Alter! – Dude!

am - an+dem, on the

amerikanisch(e/n) – American

an - on, at

analysiert - analyzed

ander(e/r/en) - other

andererseits - on the other side/hand

anders - different

Anfang - beginning

angefangen - began

(sich) angefühlt – felt

angeln – fish

angenehm(en) – pleasant

angerufen – called up

angeschaut – looked at

angeschrien – screamed at

Angst - fear

anhören – listen to

Anonymität – anonymity

anrufen – call up

anschauen –look at

anschaut – looks at

anspricht – speaks to
Antwort - answer
antworte – answer
antworten - answer
antwortet – answers
antwortete – answered
anvertrauen – entrust
an(zu)ziehen – to put on (clothes)
Arbeit - work
arbeiten - work
arbeitet – s/he works
Arbeitszeit – work time, shift
arrangieren – arrange
Art – way or manner
atmen - breathe
atmete - breathed
auch - also
auf - **on, at** (and several figurative meanings)
Aufführung – recital
aufgebaut - built
Aufnahmestudio – recording studio
aufräumen – clean up
aufwachte – woke up
Augen - eyes
Augenblick - glance
aus – out of, from

Ausflug – excursion, trip
ausgegangen – went out
Ausrede/n – *excuse/s*
ausser - except
Ausstellung/en – exhibition/s
austadeln - specifically at the Ebensee Fasching parade, the masked participants tell the townspeople truths in masked voices
Auswanderer(n) – emigrants
Auto - car
Autofenster – car window
älter – older
ändern - change
Ärmeln - sleeves

B
bald - soon
(Bruno) Balz – name of a gay German songwriter who survived the Nazi era
Band/s – band/s

Bandkollege/n – fellow band member/s

Bandprobe – band practice

Bauarbeiter*innen – construction workers

Bauchschmerzen – stomach pains

Bäckerei – bakery

beantworten – answer

bedeutet - means

beeil dich! – hurry up!

beendet - finishes

begrüßt – greets

bei - at

beide(n/es) - both

beim – at the

Beispiel - example

beiße ... ab – bite off

bekomme – receive, get

bekommen – receive, get

bekommt – receives, gets

beliebt(en) – popular

Benutzername(n) – username

benutzt – uses, used

bereit – ready

bereitet – prepares, prepared or caused

berührt - touches

beschwert – complains, complained

besichtigen – visit a location

besonder(er) – special

besonders – especially

besser - better

best(e/n/r) - best

bestellt – orders or ordered

bestimmt - definitely

besuchen - visit

betrogen - betrayed

Bett - bed

betteln – beg

bevor - before

bewegt – moves or moved

Bewertung – score, evaluation

Bewohner – inhabitants

Beziehung – relationship

Bild - picture

bin – am

bis dann – until then

bis später – until later

ein bisschen – a little bit

bist – are

biste – shorthand slang for „bist du", are you

bitte – please, you're welcome

bleibe – stay

Bock haben keinen Bock – having no desire to do something

Bratwurst - sausage

brauche – need

brauchen - need

brauchte - needed

braunen - brown

breites – broad, wide

Brezeln - pretzels

bringe – bring

bringen - bring

Brise - breeze

Brot - bread

Bruder - brother

bunt(e) - colorful

Burger - burger

Bus - bus

Busfahrt – bus ride

C

Café - cafe

Charakter – [quality of one's] character

Charisma - charisma

Chef - boss

chérie – French for „Schatz", sweetie

chillen – to chill

cool(en) - cool

Cousin – male cousin

Cousine – female cousin

Currywurst – curry sausage

D

da – here, there

dabei – there, in attendance

dachte - thought

dahinter – behind it

damals – back then

Dampfschiff – steam ship

danach – after that

daneben – next to that

danke - thanks

dann - then

daran – hanging on, on it

darf – may, allowed to

dass – that (connecting word)

Date - date

davon – of that

dazu - additionally

definitiv - definitely

dein(e/n/r) - your

dem - the
den - the
denke – think
denkt – thinks
denn - because
der - the
derselben – the same
des - of the
deshalb – therefore,
     that's why
deutlich - clearly
deutsch(em/en) –
     German
Deutschklasse –
     German class
Deutschland –
     Germany
Deutschlehrerin –
     German teacher
     (female)
dich - you
dicke Freunde –
     close friends
noch dickere
Freunde – even
     closer friends
die - the
Dienstagabend –
     Thursday evening
dies(e/es/en/er) –
     this
dir – you, for/to you
direkt - directly
diskutiert - discussed
Display – display of a
     cell phone

doch – however; „to
     the contrary, yes"
Donnerstag –
     Thursday
dort - there
(gut) drauf – in a
     good mood
draussen - outside
drei - three
dritten - third
durch - through
dürfen – be allowed,
     may

E
Ebensee – town in
     Austria
Ebenseer
Fetzenzug–
     the Fasching
     parade in Ebensee
echt – really,
     honestly
echte - real
Ecke - corner
egal – doesn't matter
(nicht) egal – does
     matter
eigen(e/n) - own
Eigenkomposition –
     original song
eigentlich - actually
ein - a
Einblick – insight,
     view

eindeutig – clearly, without a doubt
ein(e/en/er/em) – a
einerseits – on the one hand
eines Tages – one day
einfach - simply
einfach so - "just because"
Eingang - entrance
eingeladen - invited
einige – several
Einkaufszentrum – shopping mall
Einladung - invitation
einmal - once
eins - one
einsteigen – get in to a vehicle
einstündig(en) – one hour
Einwohnerzahl – population
einzige – only, sole
ein(zu)laden – to invite
Elektrizität – electricity
elf - eleven
Eltern - parents
emotional(en) – emotional
Empfang - reception
empfehlen – to recommend

Ende - end
endlich - finally
England - England
Englischklasse – English class
Englischunterricht – English class
engsten - closest
entlang – along, down
entspannt - relaxed
er – he
UNESCO-Erbe – UNESCO heritage
Erdnuss - peanut
erfahren – experienced
Erfahrung – experience
erkennen – recognize
erkläre - explain
ernst(er) – serious, earnest
erst – first, only
erst(e/en/es) - first
Erwachsene(n) – adult(s)
erwartet - expected
im erweiterten Familienkreis – in the extended family
erzählt - tells
erzählen – tell
es - it
esse – eat

essen - eat
esst - eat
etwas - something
euch – (to/for) you
all
eure - your
europäisch –
European
Ewigkeiten - eternity
existierte - existed
Experte(n) – expert
Experten-Panel –
expert panel
extra - extra
extrovertiert –
extroverted

F
fahren – ride, drive
falsche – false, wrong
Familie - family
im erweiterten
Familienkreis – in
the extended
family
fange...an – begin
fangen...an – begin
fantastisch –
fantastic
Farben - colors
Fasching – another
name for
Karneval/Carnival
Faschingsmasken –
Carnival masks

Faschingsumzug –
Carnival parade
fast - almost
faszinierend –
fascinating
fasziniert –
fascinated
faul - lazy
fährt – travels, goes,
rides
fängt...an – begins
fehlt – is missing
feiere – celebrate
feiern - celebrate
Fenster - window
fertig – finished,
complete
fest – tightly; solid
fester Freund –
steady boyfriend
Fetzen – rags; people
in Ebensee's
Carnival parade
Fetzenhut – the hat
worn in the
Ebensee Carnival
parade
Fetzenzug – the
Carnival parade in
Ebensee
Feuer - fire
finde – find
finden - find
findet – finds
fing...an - began
Fledermaus - bat

Fleisch – meat
Erdnuss Flips –
peanut flips
flog - flew
flüsternd –
whispering
Formen - shapes
Foto - photo
frage – ask
frage mich – wonder
fragen - ask
fragst – ask
fragt – s/he asks
fragte - asked
Französisch – french
Frauen - women
Frauenkleidung –
women's clothing
frei(e) - free
Freitagabend –
Friday evening
freue mich auf – I
look forward to
Freund – friend,
boyfriend
Freunde(n) - friends
Freundin - girlfriend
freundlich – friendly
Freundschaft –
friendship
es freut mich –
pleased to meet
you
freut (sich) – is
happy

Frikadellen –
German-style
hamburgers
froh – happy, merry
frustriert –
frustrated
früher – earlier
(als) früher – than
earlier, than "it
used to be"
(wie) früher –
as/like it used to
be
Frühstück –
breakfast
fünf – five
fünften - fifth
funktionieren –
function, work
furchtbar – awful
fühle mich – (I) feel
fühlst dich – (you)
feel
fühlte - felt
für - for
fürs – für das (for
the)

G
gab – gave
es gab – there were
Gage – payment for a
gig
Galerie - gallery
ganz – whole, entire

ganz(e/n) – entire, whole
ganz und gar – completely
gar nicht – not at all
garantiert – guaranteed
geantwortet – answered
gebacken - baked
Gebäude – building
gebe - give
geben - give
gebetet - prayed
geblieben – stayed, remained
geboren - born
gebracht – brought
gebraucht - needed
gedacht - thought
Gedanke/n – thought/s
gedankenlos – thoughtless
gefahren – rode, drove
gefallen – please/like
(das) gefällt mir – I like that, that pleases me
gefeiert - celebrated
gefeuert - fired
gefragt - asked
gefunden – found
Gefühle – feelings
gefühlt – felt

gegangen - went
gegeben - gave
gegen – against, roughly
gegenüber – toward; across from
Gegenwart – present [time]
gegessen - ate
gegründet - founded
gehabt - had
gehalten – held, kept
gehe – go
Geheimnisse – secrets
gehen – walk, go
geholfen - helped
gehört – listened to
gehst – go
geht – goes
    was geht ab – What's up?
gekommen - came
gekostet – cost
geladenen – loaded; charged
gelächelt – smiled
gut/schlecht gelaunt good/bad mood
Geld - money
gelernt – studied, learned
gemacht – did, made
Gemüse – vegetables
gemütlich – comfortable, cozy

genau – exactly, just
genauso – just as
genial – brilliant, awesome
genommen – took
genug - enough
geprobt - practiced
gerade – just as, at the moment
geredet – talked
Gericht/e – dish/es
gern – gladly
gesagt - said
Geschäfte(n) – stores, businesses
Geschäftsleute – business people
Geschichte – story, history
Geschichtsunterricht history class
geschickt - sent
geschlafen - slept
geschnittenes Gemüse – cut vegetables
geschrieben - wrote
Geschwister – siblings
gesehen - saw
gesessen - sat
gesetzt – set, put
Gesichter - faces
gespielt - played
Gespräch – conversation

gesprochen - spoke
gestanden - stood
gesteckt – stuck, put
gestiegen – mounted, got in to
gestorben - died
gesungen - sung
geträumt - dreamed
getröstet – consoled
geweint - cried
gewinnen - win
gewinnt - wins
geworden - became
gewusst - knew
gib - give
gibt - gives
Gig/s – gig/s
gingen - went
Gitarre - guitar
glaube – believe, think
glauben – believe, think
gleich(e/n) - same
gleichzeitig – at the same time
Glück – luck or happiness
Glück gehabt – were/was lucky
glücklich – happy
glücklicherweise – luckily, happily
um Gottes Willen – for heaven's sake

(zweiten) Grades – second degree
Griff – grip, grasp
grillen - grill
Grillfest – grill party
Grillmeister – grill master
groß – big
Großeltern – grandparents
größer – bigger
Grund - reason
Gruppe - group
Grüß dich – hello (I greet you)
rote Grütze – red compote pudding
gut – good, well
gutaussehender – good-looking
gut(e/en/er/es) – good
Gutschein – gift certificate

H

Haare(n) - hair
habe – have; also Konjunktiv 1 3rd person
haben - have
habt – have
halbe - half
hallo - hello
halte – hold, keep
halten - hold, keep

Hammer! – Cool/awesome!
Hand - hand
Handtücher - towels
Handy/s – cell phone/s
hasst - hates
hast – have
 hast du 'was vor do you have plans?
hat - has
hatte - had
hatten - had
Haupteingang – main entrance
Hauptsache – main thing, most important thing
Haus – house
 nach Hause – towards home
(zu) Hause - at home
Hausaufgaben – homework
hausgemacht(er) – homemade
hält – holds
hält...an - stops
Händchen halten – hold hands
Hände(n) – hands
hänge...ab – hang out
heißt – is called
Heim - home

Heimat – home, concept for where you feel your origins are
hellblau(es) – light blue
Hemd - shirt
Herbst – autumn, fall
hereinkam – came into
Herr - Mister
herumspazieren – walk around
heute - today
heutzutage – nowadays
hielten – held, kept
hier - here
hieß – was called
hilft - helps
setzen uns hin – we sit down
hinauf - upwards
hinten – in the back
hinter - behind
Hintergrund – background
hoffe – hope
holt - gets, grabs, fetches
Holzmasken – wood masks
Hotel - hotel
höre - hear
hört - listens, hears

hören – listen to, hear
hundert - hundred
hurra – hurrah
I
ich – I
Idee - idea
ihm – him, it; to/for him
ihn – him, it
ihnen – them, to/for them
Ihnen – formal you (dative)
ihr – her, it; to/for her, it
ihr(e/em/en/er) – her or their
im – (in+dem), in the
immateriell(es) – intangible
immer - always
immernoch - still
in - in
Information – information
informationspaket/e information packet/s
ins – (in+das), into the
inspiriert - inspired
Instrumente – instruments
interessante – interesting

interessiert – interested

intimste – most intimate, personal

irgendetwas – something

irgendwann – at some time or point

irgendwo – somewhere

J

ja - yes

Jahr/e – year/s

Otto Jaus – Austrian musician

jawohl – certainly, yes

Jeans - jeans

jed(e/en/es/er/em) – each or every

Jeep - jeep

jein – maybe, combination of „ja" and „nein"

jemand - someone

jenen Snapchat – *that* one Snapchat

jetzt - now

Job - job

juckt – itches

Wen juckt es? – Who cares?

Jungs – guys, boys

Juni – June

K

kam - came

kann – can

Kapitel - chapter

Kappe – cap, hat

Karneval – celebration of Carnival before Lent

Käse – cheese

kein(e/en) - no, not any

Kekse - cookies

Keller - basement

Kellnerin - waitress

kenne – know (a person)

kennen – know (a person)

kennengelernt – got to know, made acquaintance of

kennenlernen – get to know, make acquaintance

kennenzulernen – to get to know

kennt - knows

Kerl - guy

Ketchup - ketchup

Kind - child

Kinder(n) - children

Kino – movie theater

Kirche - church

Klamotten - clothes

na klar – of course

klar – clear, ok
Klasse - class
Klassen - classes
Klassenausflug –
class excursion
Klassenzimmer –
classroom
Klatschmaul – person
who gossips alot
Klavieraufführung –
piano recital
Klavierunterricht –
piano lesson
klein(e) – small, little
Kleindeutschland –
Little Germany
Kleinkinder – small
children, infants
klingelt – rings (bell,
cell)
klingt - sounds
klopfe – tap, knock
klopft – taps, knocks
Klub - club
komm - come
komme - come
kommen – come
Kommentare –
commentary
kommst - come
kommt – come
konnte – could, was
able
konnten – could,
were able
Kontrast - contrast

konzentriere –
concentrate
konzentrieren –
concentrate
Konzert/e -
concert/s
Konzerthalle -
concert hall
Kopf - head
Kopfhörer –
headphones
kostenlos - free
können – can, able
to
Kostüme – costumes
krank - sick
Krankheit - sickness
kritisieren - criticize
kryptische - cryptic
Kumpel - buddy
Kumpels – buddies
Kunden - customers
Kunst - art
kurbelt...runter –
rolls down
kurz(e) - short
Kuss - kiss
Küche – kitchen
Künstler*innen –
artists

L
lachen - laugh
Landjäger – smoked
sausages in pairs
lang(e/en/es) – long

langärmelig – long sleeved

langsam – slow, slowly

langsamer - slower

langweilig - boring

lass – let, leave

lass dich anschauen Take a look at you!

lasse – let, leave

laufen – run, walk

Laune - mood

lächle – smile

länger – longer

Lärm – noise

läuft – runs, goes

läuft bei mir – works for me

leben – live

Leben - life

Leberkäs – bologna loaf

lebten - lived

lecker(en) - delicious

leer - empty

lege – put, lay

Lehrerin – female teacher

leicht – easy, lightly

leichte Brise – slight breeze

leichter - easier

Leid – sorrow

es tut mir leid – I'm sorry

leider – unfortunately

leise – quiet, calm

leiser – quieter, calmer

lernen – learn, study

letzt(e/en) - last

Leute(n) - people

lieb - dear

liebe - love

lieben - love

liebenswürdig – gentle, likeable

lieber – preferably; rather dear

Lieblingsschuhe – favorite shoes

liegen – lie, lay

(es) liegt an mir – it's my responsibility

liest - reads

Lobby - lobby

locker – loose, relaxed

Lokal – local restaurant

los – up, wrong

lösen - solve

Lumpen - rags

keine Lust – don't want, no desire

lustig(er) - funny

lügen – lie, say falsehoods

M

mach – do, make
mache – make, do
mache...so – pretend
machen – make, do
machst – make, do
macht – makes, does
machte – made, did
mag - like
magst – like
Mal - time
Mama - mom
man – one
manchmal – sometimes
Mann - man
Maske/n – mask/s
Mathe - math
Mädchen – girl
Männer - men
mega - awesome
mehr - more
mehrmals – several times
mein(e/em/en/er/es) my
meinst – mean, think (opinion)
meint – means, thinks (opinion)
Meinung/en – opinion/s
meisten - most
Menschen – people, human beings
mentalen - mental

metaphorische – metaphorical
Metzger - butcher
mich - me
Mikrofon – microphone
Minute/n – minute/s
mir – me, to/for me
mischt sich...ein – interrupts, mixes in
Misstrauen - mistrust
mit - with
mitbringen – bring along
miteinander – with each other
mitgebracht – brought with, along
Mitschüler*innen – fellow students, classmates
Mittagessen - lunch
mittelscharf(en) – medium spicy, semi-hot
Mittwoch – Wednesday
mochte - liked
modern(e) - modern
Moment - moment
Monat/en – month/s
morgen - tomorrow
mögen – like

Möglichkeit –
  possibility,
  chance
Museum - museum
Museumsarbeiter*in
  nen – museum
  workers
Museumsbesucher*i
  nnen – museum
  visitors
Musik – music
Musiker - musician
muskulös(en) –
  muscular
muss – have to, must
musst – has to, must
musste – had to
Mutter – mother
Muttersprachler –
  native speaker
Müll – garbage
müssen – have to,
  must
müsst – you all have
  to
Mütter – mothers
mütterlicherseits –
  on the maternal
  side

N

na klar – of course
nach – after;
  according to
nachdem - after

Nachfrage
  danke der
  Nachfrage –
  thanks
  for asking
Nachmittag –
  afternoon
Nachricht/en –
  message/s
naja – well, so
Name(n) – name
natürlich (nicht) – of
  course (not)
nächst(en) – next
Nähe – proximity
  in der Nähe –
  nearby
ne – „shall we",
  don't you think
Nebensache/n –
  minor matter/s,
  side issue/s
Neffe(n) - nephew
nehme – take
nein - no
Neonazis - neonazis
nerve – bother, get
  on nerves
nervös - nervous
nervt – bothers, gets
  on nerves
nett(es) - nice
neu(e/en) - new
nicht - not
nichts - nothing

nichtsahnend –
   oblivious
nie - never
niemand – no one
niemandem – (to) no
   one
nimmt - takes
Nische – booth,
   alcove
noch - still
noch nie – never
   before
normalen - normal
normalerweise –
   normally
in Not – in dire need
nötig(en) –necessary,
   required
Nummer - number
nun - now
nur – only

O
ob – if, whether
Obatzda - Bavarian
   cheese spread
Obdachlose(n) –
   homeless people
Obstteller – fruit
   plate
obwohl - although
oder - or
offen - open
oft - often
ohne - without
Onkel - uncle

orangefarbenes –
   orange-colored
Orchester –
   orchestra
In Ordnung - okay
Organisation –
   organization
Ort – place, location
Österreich – Austria
österreichisch –
   Austrian

P
(ein) paar – a couple,
   few
Paket – packet
Paprika – sweet
   pepper
Park - park
parken – park (a
   vehicle)
Parkplatz – parking
   spot
parkt - parks
Partys - parties
passende –
   suitable,fitting
passiert – happens or
   happened
passierte - happened
passt – fits
Passt auf - Listen up
Pause/n – pause/s
Pausenbrot – lunch
   or breaktime
   snack

Pech – bad luck
Pech gehabt – tough luck
Person - person
Persönlichkeit/en – personality/ies
Pfarrer - pastor
Physik – physics class
Pizzaladen – pizza place
Paul Pizzera – Austrian musician
Pizzeria - pizzeria
Plastiktüte – plastic bag, baggy
Platte(n) – large plate
Platz – place, room
plaudern - chat
Playlists - playlists
positiv - positive
Poster - poster
praktisch - practical
Predigt - sermon
Preis – award or cost
Probe – practice, rehearsal
proben – practice, rehearse
Probestunde – practice time (hour)
Problem/e – problem/s
professionellen – professional

Projekt - project
Proteste - protests
Publikum – public, audience
Punkt – point

R
Rabatt - discount
Raum - room
raus - out
raustragen – carry out
hast/hat Recht – are/is right
rechtzeitig – on time
Recycling - recycling
reden - talk
redet - talks
rege – active, buoyant
Region - region
regionalen – regional
reichen - rich
religiös - religious
renne – run
Rest – rest, remainder
Restaurant – restaurant
Resultat - result
richtig – right, correct
Riesenhunger – gigantic hunger
riesig(es) - gigantic

Rindersteaks – beef steaks
Rockmusik – rock music
romantisch – romantic
rosa - pink
(die Weisse) Rose – resistance group during WWII
rot(em/er) - red
ruft - calls
ruft mir … zu – shouts … at me
Ruhe – quiet, calm
ruhiger – quieter, calmer
rumlaufe – run around
Runde - rounds
runter – down, downstairs
Rücken – back

S
Sabarsky – name of a café at the Neue Galerie in NYC
Sache/n – thing/s
sag - say
sage – say
sagen - say
sagst – say
sagt – says
sagte – said
sah - saw

sahen - saw
Salzstangen – (salt) pretzel sticks
Samstag - Saturday
sank - sank
sauer – angry, sour
schaffen - succeed, manage
Schalen - scarves
scharf(en) – spicy, hot
schaue – look
schaue…an – look at
schaue mich um – look around
schauen - look
schaust…aus – look (appear)
schaut - looks
scheinbar - probably
scheint – seems, appears
schicke - send
schicken - send
schienen - seemed
Schild - sign
Schlafzimmer – bedroom
schläft…ein – falls asleep
schlecht(e/en/es) – bad
schlechteste - worst

schlechthin –
die Freundlichkeit
schlechthin –
epitome of
friendliness
schließen - close
schließlich – finally
Schneider – Julian's
last name
schnell – fast, quick
Schnitzel – breaded
cutlet
Schock - shock
schockiert - shocked
Scholl – last name of
Sophie and Hans,
famous members
of the Weisse
Rose
schon - already
schon gar nicht –
especially not
schön – nice,
beautiful
schrecklich(e/es) –
awful
schreiben - write
schreien - scream
schreit – screams
Schuhe - shoes
Schulausflug – school
excursion
schulde – owe
Schule - school
Schuljahr(es) –
school year

Schultasche/n –
school bag/s
Schulter - shoulder
Schüler – students
schütze mich –
protect myself
schwarz(en) - black
schweigen – being
silent
Schweinesteaks –
pork steaks
Schwester - sister
schwierig - difficult
schwimmen - swim
schwul - gay
segeln - sail
sehe – see
sehen - see
sehr - very
sein – to be
sein(e/em/en/er/es)
his
seit - since
seitdem – since, ever
since
Sekunde/n –
second/s
selben - same
selber - same
Semester - semester
Senf - mustard
Senioritis - senioritis
Serie - series
setzen uns – we sit
down
Sexualität - sexuality

sich – reflexive
   pronoun
sicher - sure
sie – she, it or they
siehst - see
sieht – sees
sieht...aus – looks,
   appears
sind - are
singen - sing
singt - sings
Situation - situation
sitze – sit
sitzen - sit
Sitzplätze - seats
SMS – text message
Snap/s – snapchat
   message/s
so – like this/that; so
sofort - immediately
soll – should,
   supposed to
sollen – should
   supposed to
sollte – should
sollten – should
solltest - should
sondern – instead,
   but
Song/s – song/s
Songtexte - lyrics
sonnig - sunny
Sonntag - Sunday
sonst - otherwise
Sorgen – cares,
   worries

Sorten – kinds, types
sowieso – anyway,
   either way
Spaß - fun
spazieren - stroll
spät – late
bis später – until
   later
Spätzle – German
   noodles
Speck - bacon
spezifisch(en) –
   specific
spiele – play
spielen - play
spielt - plays
Spitzname(n) –
   nickname
sprechen - speak
spricht – speaks
spricht mich...an –
   speaks to me
Stadt - city
stark - strong
startet - starts
stärker – stronger
steckt – sticks, hides
stehen - stand
steht - stands
steht auf Jungs – is
   into guys
steige...ein – get in
steigen...ein – get in
steigt in - gets in
Stelle – location,
   place

Stift - pen
Stil - style
Stimme – voice
stimmt - is true
Stock – floor, storey
stolz - proud
stört - bothers
Strand - beach
Strandsachen –
  things for the
  beach
Straße/n – street/s
Streber – nerds
streiten – to argue
Student*innen –
  college students
Stunde(n) – hour(s)
Stück – piece
Stühle – chairs
suche – look for
suchen – look for
nichts zu suchen –
  "no business"
sucht – looks for
süß(en) – sweet,
  nice, handsome

T
Tag/e – day/s
Tagesmenü – menu
  of the day
talentiert(en) –
  talented
Tante/n – aunt/s
Teenager/n –
  teenager/s

Teil - part
teilen – share
Telefon - telephone
Teller – plate or
  plates
Test - test
Text - text
Thema - topic
tief - deep
Tisch/e – table/s
Tod - death
toll(e/er) - great
Ton – tone
Tor - gate
Tradition/en –
  tradition/s
trage – wear, carry
tragisch/en - tragic
Tragödie – tragedy
trägt – wears,
  carries/holds
traurig - sad
treffen - meet
Treffpunkt – meeting
  point
Treppe/n – stair/s
Tresen – counter, bar
trug - wore
tschüss - bye
Tüten – baggies
Typ/en – guy/s,
  dude/s
typisch – typical

U

Uhr – clock, hour
um – at, around
umarme - hug
umarmt - hugs
und - and
UNESCO – United Nations Educational Scientific and Cultural Organization
(etwas) Unglaubliches – something unbelievable
unheimlich – uncanny, strange
(zur) Universität – (to) university, college
uns - us
unser(e/em/en/er) – our
unten – below, downstairs
unter - under
Unterricht - class
ursprünglich – originally
übel – ill, sick, nauseous
über – about
überfüllt – over-filled
überhaupt – at all
überlebte - survived
überrascht – surprised
übertrieben – exaggerated

V

Vans – brand of shoes
Vater - father
vegan(e) - vegan
verabschiede (mich) I say goodbye
verärgert – annoyed or angry
verblüfft – dumbfounded
verbracht – spent (time)
verbringen – spend time
verdient – earns, earned
verfolgt - pursues
vergessen – forget, forgot
vergiss (nicht) – don't forget
verhaue den Test – bomb the test
verkehrt(e) – preposterous
verlasse – I leave
verlassen – leave, left
verläuft nicht gut – doesn't go well
verlor - lost

vermisse – miss
verpasst – misses, missed
verrückt(e) - crazy
verschieden(e) – various, different
verstanden – understood
verstecke – hide
verstecken - hide
verstehe – understand
verstehen – understand
versucht – tries, tried
versuchte - tried
vertrauen – to trust
vertraut – familiar, intimate
verwirrt – confuses, confused
viel – much, a lot
viele(n) - many
vielleicht – maybe, perhaps
vier - four
Viertel - quarter
voll - complete
Volleybälle – volley balls
vom – von+dem, from the
von – from, of
vor – before, in front of

vorbei - past
Vordach – canopy, awning
vorher - before
vorstellen – introduce
Vortrag - report
(nicht) wahr – isn't that right

W

wahr(es) - true
Wahrheit - truth
Wahrnehmung – perception
wahrscheinlich – probably
Wange - cheek
wann - when
war - was
waren - were
warte – wait
warten - wait
wartet – waits
warum - why
was – what; short for „etwas"
Wasser – water
wähle – dial
während – during, while
wäre – would be
wechseln – switch, change
wechselt – switches, changes

wechsle – switch, change

weg - away

wehtun – hurt

Weihnachten – Christmas

weil - because

Weile - while

weinen - cry

weiß – know or knows

weiß(e/en) – white

weißt – know

weit(e) - far

weiter - further

weitergeht – goes further

weitermachen – continue, keep going

welche - which

Welt - world

Weltkrieg(es) – world war

wen - whom

wenigstens – at least

wenn – if, when

werde - will, become

werden – will, become

Wettbewerb – competition

wette – bet

Wetter - weather

wichtig - important

wichtiger – more important

wie – how or as

wieder - again

wiederholt - repeated

wieso – why, how so

will – wants

(Um Gottes) Willen – for heaven's sake

willst – you want

wir - we

wird – will, becomes

wirklich - really

wissen - know

Witz/e – joke/s

wo - where

Woche/n – week/s

Wochenende – weekend

wohl – well, at ease

Wohltätigkeit – welfare

Wohnung – apartment

Wohnzimmer – living room

wollen - want

wollte - wanted

Wort - word

Wörter – words

Wurst - sausage

Wurzeln - roots

wusste – knew

wünsche – wish

würden – would

Z

Zahl - number
zahlen - pay
zart – tender
Zähne(n) – teeth
zehn - ten
Zeichen - sign
zeigt - shows
Zeit - time
ziehe - pull
ziemlich - rather
Zimmer - room
zu – to/at (look at the root verb)
zubereitet – prepared
kein
Zuckerschlecken – no sugar-licking (=no walk in the park)
zuerst - first
zufrieden - satisfied
zugehört - listened
Zuhause - home

zum – zu+dem (to the)
zur – zu+der (to the)
zurück – back
zurückdenke – think back
zurückkamen – came back
zurückkommt – come back
zusammen - together
zusammengestellt – put together
Zuschauer*innen – specators
zwanzig - twenty
zwar – admittedly, to be sure
zwei - two
zweifle – doubt
zweite(n) - second
zwinkert mir zu – winks at me
zwischen - between

ABOUT THE AUTHOR

Jennifer Degenhardt taught high school Spanish for over 20 years. She realized her own students, many of whom had learning challenges, acquired language best through stories, so she began to write ones that she thought would appeal to them. She has been writing ever since.

Please check out the other titles by Jen Degenhardt available on Amazon:

La chica nueva | La Nouvelle Fille |The New Girl
La chica nueva (the ancillary/workbook
volume, Kindle book, audiobook)
El jersey|The Jersey |*Le Maillot*
Quince
La mochila | The Backpack
El viaje difícil|*Un Voyage Difficile*
La niñera
La última prueba
Los tres amigos | Three Friends | Drei Freunde
María María: un cuento de un huracán | María María:
A Story of a Storm | Maria Maria: un histoire d'un
orage
Debido a la tormenta
La lucha de la vida
Secretos

Follow Jen Degenhardt on Facebook, Instagram @jendegenhardt9, and Twitter @JenniferDegenh1 or visit the website, www.puenteslanguage.com to sign up to receive information on new releases and other events.

ABOUT THE TRANSLATOR

Andrew Graff has taught German in public high schools since 2008. He currently teaches at Cherry Hill High School East in Cherry Hill, New Jersey and is very excited to help bring to German students readers like *Drei Freunde* that reflect their diversity and their interests.

Made in the USA
Coppell, TX
03 February 2020

15342534R00056